KURT TUCHOLSKY

»Vorn die Ostsee, hinten die Friedrichstraße«

Ein Lesebuch

Ausgewählt von Matthias Reiner

Mit Illustrationen von Katrin Stangl

Insel Verlag

Insel-Bücherei Nr. 2521

*»Vorn die Ostsee,
hinten die Friedrichstraße«*

DAS IDEAL

Ja, das möchste:
Eine Villa im Grünen mit großer Terrasse,
vorn die Ostsee, hinten die Friedrichstraße;
mit schöner Aussicht, ländlich-mondän,
vom Badezimmer ist die Zugspitze zu sehn –
aber abends zum Kino hast du's nicht weit.

Das Ganze schlicht, voller Bescheidenheit:

Neun Zimmer, – nein, doch lieber zehn!
Ein Dachgarten, wo die Eichen drauf stehn,
Radio, Zentralheizung, Vakuum,
eine Dienerschaft, gut gezogen und stumm,
eine süße Frau voller Rasse und Verve –
(und eine fürs Wochenend, zur Reserve) –,
eine Bibliothek und drumherum
Einsamkeit und Hummelgesumm.

Im Stall: Zwei Ponys, vier Vollbluthengste,
acht Autos, Motorrad – alles lenkste

natürlich selber – das wär' ja gelacht!
Und zwischendurch gehst du auf Hochwildjagd.

Ja, und das hab' ich ganz vergessen:
Prima Küche – erstes Essen –
alte Weine aus schönem Pokal –
und egalweg bleibst du dünn wie ein Aal.
Und Geld. Und an Schmuck eine richtige Portion.
Und noch 'ne Million und noch 'ne Million.
Und Reisen. Und fröhliche Lebensbuntheit.
Und famose Kinder. Und ewige Gesundheit.

  Ja, das möchste!

Aber, wie das so ist hienieden:
manchmal scheint's so, als sei es beschieden
nur pöapö, das irdische Glück.
Immer fehlt dir irgendein Stück.
Hast du Geld, dann hast du nicht Käten;
hast du die Frau, dann fehl'n dir Moneten –
hast du die Geisha, dann stört dich der Fächer:
bald fehlt uns der Wein, bald fehlt uns der Becher.

Etwas ist immer.

Tröste dich.

Jedes Glück hat einen kleinen Stich.
Wir möchten so viel: Haben. Sein. Und gelten.
Daß einer alles hat:
das ist selten.

MORGENS UM ACHT

Neulich habe ich einen Hund gesehen – der ging ins Geschäft. Es war eine Art gestopfter Sofarolle, mit langen Felltroddeln als Behang, und er wackelte die Leipziger Straße zu Berlin herunter; ganz ernsthaft ging er da und sah nicht links noch rechts und beroch nichts, und etwas anderes tat er schon gar nicht. Er ging ganz zweifellos ins Geschäft.

Und wie hätte er das auch nicht tun sollen? Alle um ihn taten es.

Da rauschte der Strom der Insgeschäftgeher durch die Stadt. Morgen für Morgen taten sie so. Sie trotteten dahin, sie gingen zum Heiligsten, wo der Deutsche hat, zur Arbeit. Der Hund hatte da eigentlich nichts zu suchen – aber wenn auch er zur Arbeit ging, so sei er willkommen.

Es saßen zwei ernste Männer in der Bahn und sahen, rauchend, satt, rasiert und durchaus zufrieden, durch die Glasscheiben. Man wünscht sich in solchen Augenblicken ein Wunder herbei, etwa, daß dem Polizeisoldaten an der Ecke Luftballons aus dem Helm steigen, nur damit jene einmal Maul und Nase aufsperrten! Da fuhr die Bahn an einem Tennisplatz vorüber. Die güldene Sonne spielte auf den hellgelben Flächen – es war strahlendes Wetter, viel zu schön für Berlin. Und einer der ernsten Männer murrte: »Haben auch nichts zu tun, sehen Sie mal! Morgens um acht Uhr Tennis spielen! Sollten auch lieber ins Geschäft gehen –!«

Ja, das sollten sie. Denn für die Arbeit ist der Mensch auf der Welt, für die ernste Arbeit, die wo den ganzen Mann ausfüllt. Ob sie einen Sinn hat, ob sie schadet oder nützt, ob sie Vergnügen macht (»Arbeet soll Vajniejen machen? Ihnen piekt er woll?«) –: das ist alles ganz gleich. Es muß eine Arbeit sein. Und man muß morgens hingehen können. Sonst hat das Leben keinen Zweck.

Und stockt einmal der ganze Betrieb, streiken die Eisenbahner oder ist gar Feiertag: dann sitzen sie herum und wissen nicht recht, was sie mit sich anfangen sollen. Drin ist nichts in ihnen, und draußen ist auch nichts: also was soll es? Es soll wohl gar nichts ...

Und dann laufen sie umher wie Schüler, denen versehentlich eine Stunde ausgefallen ist – nach Hause gehen kann man nicht, und zum Spaßen ist man nicht aufgelegt ... Sie dösen und warten. Auf den nächsten Arbeitstag. Daran, unter anderm, ist die deutsche Revolution gescheitert: sie hatten keine Zeit, Revolution zu machen, denn sie gingen ins Geschäft.

Wobei betont sein mag, daß man auch im Sport dösen kann, der augenblicklich wie das Kartenspiel betrieben wird: fein nach Regeln und hervorragend stumpfsinnig. Aber schließlich ist es immer noch besser, zu trainieren, als im schwarzen Talar Unfug zu treiben ...

Ja, sie gehen ins Geschäft. »Was für ein Geschäft treibt ihr?« – »Wir treiben keins, Herr. Es treibt uns.«

Der Hund sprang nicht. Man hüpft nicht auf den Straßen. Die Straße dient – wir wissen schon. Und das verlockende, niedrig hängende patriotische Plakat ... der Hund ließ es außer acht.

Er ging ins Geschäft.

SONNTAGSMORGEN, IM BETT

Was – was ist?
Ach so. Heute ist Sonntag. Da kann ich noch liegen.
Mit den Schultern kuscheln. Mich ans Kopfkissen
schmiegen –
Aus alter Gewohnheit wacht man Sonntags immer
so früh auf wie wochentags – das kommt vielleicht
von dem Schimmer
da von den Jalousien – was ist denn das für ein
Geratter und Gebraus?
Na, jedenfalls heute muß ich nicht raus.

Ich kann heute ganz stille liegen und ruhn.
Und muß gar nichts. Und hier kann mir keiner
was tun.
So ein Bett ist eigentlich eine schöne Sache –
da müßte noch so eine Sonnenplache
drüber sein, und dann fährt man damit überall hin –
Woher kommt das, daß ich heute so furchtbar
müde bin –?

Gestern abend haben wir wesentlich zu viel
Schwedenpunsch getrunken,
Paul war zum Schluß ganz in seinen Sessel
versunken;
ich habe auch noch so einen komischen
Geschmack im Mund
und – –

Halb neun! Da muß ich richtig wieder
eingeschlafen sein.
Sonntagsmorgen im Bett, das ist fein.
Das heißt: Was nun noch kommt, ist
weniger schön ...
Heute muß ich zu Onkel Otto und Tante
Frieda gehn –
Margot ist auch da, die keusche Lilie ...
Warum, lieber Gott, ist man Sonntags stets in
Familie?
Vor Tisch sind sie beleidigt, und nach Tisch
sind sie satt –
wenn ich dran denke, wird mir jetzt schon
ganz matt.

Abends ist Theater ... morgen muß ich unbedingt
mal mit Kempner telephonieren:

Er muß mir die Diele billiger tapezieren –
achtzig ist zu viel – der Junge ist wohl nicht
ganz gesund!
und – –

Halb zehn!
»Willi! Aufstehn! Aufstehn!«
Ja doch, ja!
Ich stehe ja schon auf, Mama –

Jetzt geht der Sonntag los! Nein: eigentlich ist
er jetzt vorbei.
Jetzt kommen die Zeitungen und Briefe und
Telephon und Geschrei.
Das ist nun weniger geruhsam und labend ...

Aber so ist das im Leben:
Das Schönste vom Sonntag ist der Sonnabend
abend.

KREUZWORTRÄTSEL MIT GEWALT

Der Arzt versank in meinem Bauch. Dann richtete er sich hochaufatmend wieder auf. »Es sind die Nerven, Herr Panter«, sagte er. »An den Organen ist nichts. Ruhe - Ausspannen - Massage - Rohkost - Gemüse - Gymnastik - kohlensaure Bäder ... passen Sie auf: wir kriegen Sie schon wieder hoch. Schwester -!«

Da saß ich in dem Klapskasten, und nun war es zu spät. Man soll nie auf das hören, was einem die guten Freunde raten. Das konnte heiter werden.

Es wurde *sehr* heiter. Ich absolvierte täglich ein längeres Zirkusprogramm, von morgens um sieben bis mittags um halb eins. Der Turnlehrer; die Wiegeschwester; der Bademeister; der Masseur; der Assistenzarzt; die Zimmerschwester ... sie alle waren emsig um mich bemüht. Ich kam mir recht krank vor, und wenn ich mir krank vorkam, dann schnauzten sie mich an, was mir wohl einfiele - es ginge mir schon viel, viel besser. Was war da zu machen?

Was war vor allem an den langen Nachmittagen zu machen, die etwa acht- bis neunmal so lang waren wie die reichlich gefüllten Vormittage? Lesen.

Das Salatorium – man sollte niemals: Sanatorium schreiben – das Salatorium hatte eine Bibliothek. Die ersten acht Tage ging das ganz gut, denn sie hatten da die *›Allgemeine Bibliothek der Unterhaltung und des Wissens‹*, eine Art Familienzeitschrift aus den neunziger Jahren – und so beruhigend! Darin war von der neuen, schreckeinflößenden Erfindung des Telefons die Rede; von einem Wagen, der sich vermittels einer Maschine allein bewegen könnte, einem sogenannten ›Automobil‹; vorn war ein Roman mit Bildern: »Agathe liebkoste die entblätterte Rose und ließ sich auch durch das Zureden des Assessors von Waldern nicht trösten ... Seite 95«, dann gab es eine Kriminalnovelle mit abscheulich schlechtgekleideten Missetätern, aber bei Wallace waren die Polizeikommissare von Scotland Yard bedeutend schurkiger – und zum Schluß die *›Miszellen‹*, eine bezaubernde Mischung von allerlei Wissenswertem, Kochrezepten, Anekdoten ohne Pointe und überhaupt von gesegnetem Stumpfsinn. Dies beschäftigte mich acht Tage lang. Dann war es aus. Der

Rest der Bibliothek bestand aus feinerer Literatur; ich schreibe mir meinen kleinen Bedarf lieber selber. Was nun –?

Eines Tages sah ich beim Bademeister auf dem Fensterbrett der Badekabine eine Rätselzeitschrift liegen. Ich hatte nie gewußt, dass es so etwas gäbe. Aber das gabs. Darin waren Silbenrätsel enthalten und andre schöne Zeitvertreibe. »Darf ich vielleicht ... könnten Sie mir das wohl mal leihen ...?« fragte ich. Er lieh. Ich hatte kaum mein Müsli und den Salat und die halbe Pflaume gegessen, als ich auf mein Zimmer eilte, den Bleistift spitzte und löste.

Ich verfüge über eine sehr lückenhafte Bildung. Ich weiß nicht, wo Karakorum liegt; ich weiß nicht, was eine ›Ephenide‹ ist; ich verwechsle immer ›Phänomenologie‹ mit ›Pharmazeutik‹, und es ist überhaupt ein Jammer. Aber ich begann zu lösen.

Anfangs ging das ganz gut. Alles, was ich auf Anhieb wußte, schrieb ich in die kleinen Quadrate, und wenn ich nicht weiter konnte, ließ ich das angebissene Rätsel liegen und machte mich an das nächste. So hatte ich viele vergnügte Nachmittage. Der Bademeister brachte mir, trinkgeldlüstern, noch weitere achtzehn Rätselzeitschriften, aber tückischerweise hatten sie keinen Zusammenhang untereinander, denn es fehlten immer grade die Nummern, in denen die Lösungen jener enthalten waren, an denen ich grade knabberte ... also mußte *ich* versuchen, allein damit fertig zu werden, und ich war ganz auf mich selber angewiesen. Ich habe das nicht gerne – wer auf mich gebaut hat, hat noch stets auf Sand gebaut. Aber ich löste.

Als ich die Zeitschriften vollgemalt hatte, hatte ich fünf Kreuzworträtsel zu Ende gelöst. Alle andern – und es waren deren eine Menge – wiesen bedrohliche Flecke auf. Was nun?

Nun zerbiß ich meinen Bleistift; dann den Federhalter des Salatoriums; dann meine Pfeife. Und ich war kribblig ...

Sie kennen den sogenannten ›Lahmann-Koller‹? Mit dem ist es so:

Wenn die Patienten eine Weile lang sanftes Gras gefressen haben, dann werden sie furchtbar böse. Sie sind wütend, von morgens um sieben bis abends um acht; und besonders gegen den späten Nachmittag hin, wenn schon der Gedanke an Blumenkohl sie rasend macht, und der an ein gutes Filetsteak nicht minder –: dann beginnen sie, heimlich zu rasen. Laut trauen sie sich nicht.

Ich traute mich auch nicht laut. Aber ich tobte mit den Kreuzworträtseln umher, und ich wollte mich nicht unterkriegen lassen, und ich beschloß, ein Ende zu machen. So oder so ... so ging es nicht mehr weiter.

»Berggipfel in den Seealpen.« Nun bitte ich Sie in aller Weit! Seealpen – wissen Sie, wo die Seealpen liegen? Ich weiß das nicht. Ich habe damals, als wir das durchgenommen haben, gefehlt, oder ich habe grade unter der Bank ›*Götz Krafft*‹ gelesen oder ›*Jena oder Sedan*‹ ... Seealpen! Drumherum die Reihen hatte ich; mir fehlten aber die Buchstaben, die man aus andern Reihen nicht erraten konnte. Da brach ich die Kreuzworträtsel übers Knie.

›KIKAM‹ setzte ich. Berggipfel in den Seealpen: ›KIKAM‹. Ich fand das sehr schön. Und dies ergötzte mich so, dass ich an einem Nachmittag zweiundzwanzig Kreuzworträtsel löste. Mit Gewalt. Wer nicht hören will, muß fühlen. Ich habe wundervolle Resultate erzielt.

›LEBSCH‹: eine Hauptstadt in Europa. Man erzähle mir nichts – warum soll unter den vielen, vielen europäischen Hauptstädten nicht eine dabei sein, die ›LEBSCH‹ heißt? ›MOREL‹: ein bekannter

Südwein. ›NEPZUS‹: ein Planet. (Nein, nicht Neptun – dann geht es nicht auf.) Kaufmännischer Begriff: PLEISE. Ein Getränk der Araber: LORKE. Ein Raubtier: der ›MOGELVOGEL‹; doch, das ist herausgekommen, das Wort, ihr sollt es lassen stahn. Bekannter Gruß: HUMMEL. (was ja für Hamburg stimmt.) Und es tauchten geradezu abenteuerliche Wörter auf: MIPPEL und FLUNZ und BAKIKEKE. So erbaute ich mir eine neue Weit.

Ich erzählte niemand davon. Aber ich erlernte für mich privat eine neue Sprache: die Kreuzworträtsel-Sprache. Hätte ich es einem gesagt: sie hätten mich nie wieder aus dem Klapskasten hinausgelassen, und ich säße heute noch drin. Aber die Wörter in meinem Herzen bewegend sprach ich den ganzen Tag kreuzisch und fragte mich Vokabeln ab und konnte es schon ganz schön.

»Nun, wie fühlen Sie sich denn jetzt –?« fragte der Onkel Oberdoktor in seiner, sagen wir, gütigen Art. Ich antwortete nicht gleich. Unhörbar übte ich Vokabeln:

Auf des Doktors Schreibtitzl summte eine Failge; die Sumis schien durch das Fenster, und der Himmel war plott. Ich dachte emsig nach, wie doch der Körperteil heißt, an dem ich so gut abgenommen hatte …

»Wie Sie sich fühlen –?« wiederholte der Onkel Doktor, mildgereizt. »Danke … viel besser …« stotterte ich. Wie hieß der Körperteil? – »Viel besser … ja … « – »Aber manchmal etwas zerstreut …? Noch etwas nervös?« fragte er und sah mich forschend an. »Aber gar nicht, Herr Doktor«, sagte ich. »Gar nicht. Ich fühle mich so frisch! Wirklich: famos! Sie haben mir sehr geholfen, sehr!« – »Na, das freut mich«, sagte er. »Sehen Sie, ich habe es Ihnen ja gleich gesagt!« Und er gab mir zum Abschied gute Ratschläge, darunter leider nicht den, die Rechnung nicht zu bezahlen.

Und erst als ich wieder draußen vor dem Tor des Salatoriums stand, da fiel es mir ein. Ich wollte noch einmal zurück, um es dem Doktor mitzuteilen … Ich tat es nicht.

MARS hieß der Körperteil.

AUGEN IN DER GROSSSTADT

Wenn du zur Arbeit gehst
am frühen Morgen,
wenn du am Bahnhof stehst
mit deinen Sorgen:

da zeigt die Stadt
dir asphaltglatt
im Menschentrichter
Millionen Gesichter:

Zwei fremde Augen, ein kurzer Blick,
die Braue, Pupillen, die Lider –
was war das? vielleicht dein Lebensglück ...
vorbei, verweht, nie wieder.

Du gehst dein Leben lang
auf tausend Straßen;
du siehst auf deinem Gang,
die dich vergaßen.

Ein Auge winkt,
die Seele klingt;
du hast's gefunden,
nur für Sekunden ...

Zwei fremde Augen, ein kurzer Blick,
die Braue, Pupillen, die Lider;
was war das? kein Mensch dreht die Zeit zurück ...
vorbei, verweht, nie wieder.

Du mußt auf deinem Gang
durch Städte wandern;
siehst einen Pulsschlag lang
den fremden Andern.

Es kann ein Feind sein,
es kann ein Freund sein,
es kann im Kampfe dein
Genosse sein ...
Es sieht hinüber
und zieht vorüber ...

Zwei fremde Augen, ein kurzer Blick,
die Braue, Pupillen, die Lider;
was das war?

  Von der großen Menschheit ein Stück!
Vorbei, verweht, nie wieder.

RAUSCH, SUFF UND KATZENJAMMER

Eine Woge von Betrunkenheit raste vor sechs Jahren über dieses Land, durch die Bürostuben, die Kasernenhöfe, die Rinnsteine, durch öffentliche Häuser, Börsensäle, Schulklassen und Redaktionszimmer. Niemand mag heute daran zurückdenken. Wenn man am 1. August dieses Jahres die bürgerliche Presse las, so fühlte man sich genötigt (mit einer einzigen Ausnahme: der ›*Berliner Volkszeitung*‹), den Herren Redakteuren je ein Eisenkreuzchen aus Blech zum Andenken an die große Zeit zu schenken. Sie haben sie alle vergessen. Man muß aber an sie zurückdenken.

Zehn Tage vor Eröffnung der großen Zeit, so um den 20. Juli herum, ahnte noch kein Mensch, daß Deutschland vom lieben Gott ausersehen sei, den Völkern der Erde ein leuchtendes Beispiel zu werden für und für, Amen. Die Bürger lagen im Seesand am Meer oder krabbelten auf den Bergen umher, der Arbeiter schuftete oder begoß seine Laubenkolonie, die Börse machte in gewohnter

Ruhe ihre Geschäfte – alles war still. Und nur eine ganz kleine Schar von Menschen in Europa wußte, daß dieser ganze Kontinent eine Minute vor dem Untergang stand, und daß zwei Zeiten anbrechen würden: eine kleine für die Proletarier und eine große für die Verdiener.

Der seit langem geschürte Militärwahnsinn des Keimschen Flottenvereins und der zahllosen militärischen Gruppen und Grüppchen, die sich bis in die Schulen hinein erstreckten, trug seine Früchte: der Mob stand auf, der Sturm brach los, der Wilhelm winkte und alle, alle kamen. Kamen, um zu verdienen, um befördert zu werden, um eine Rolle zu spielen ... und kamen aber auch, im Suff ihres Patriotismus, während der allerersten Wochen – das muß gesagt werden –: um zu sterben.

Was der General Ilse, ›der Kindermörder von Ypern‹, bei Langemarck in den Tod jagte, waren gutgläubige, frische deutsche Jungen, die, fanatisiert, nicht wußten, für welch eine schlechte Sache sie rufend und singend in den Tod gingen. Der Sohn Heinrich Brauns, Otto Braun, ist so ein Beispiel davon. Der Rest war fürchterlich.

Ich kannte aus dem Frieden den Sohn eines Generals von Werder, der so dumm war, daß ihm auf

Betreiben des Vaters das Einjährige ohne Prüfung geschenkt wurde. Ich sehe den Jungen noch wie heute in einem Auto den Kurfürstendamm herunterfahren: in voller Kriegsbemalung, auf ein großes Schlachtschwert gestützt, strahlend, eitel und in der ganzen Gloriole seiner königlich preußischen Dämlichkeit. Er war ein Sinnbild seiner Epoche.

Denn was so unbeschreiblich an diesen ersten Wochen war, erkannten damals nur wenige, und weil heute die Zeit des Rausches fast vergessen ist, wissens auch heute nicht allzu viele: das Schlimme in Deutschland war das völlige Fehlen jeder Ethik. Für alles, aber auch für alles, auch noch für die letzten Schweinereien war der Rock des Kaisers und das Wort ›dienstlich‹ eine Deckung. Mißbrauch von Gefangenen zu Kriegsarbeiten in der Feuerzone, Unterschlagung, Verführung von Mädchen, Mord an Zivilisten, die man zu diesem Behufe Franktireurs getauft hatte, ekelhafteste Schlächterei der Verwundeten – dies alles und noch viel mehr vollzog sich unter dem fast einmütigen Gesang von *›Deutschland, Deutschland über alles‹*, und unter den brausenden Akkorden des Liedes versanken Europa, Menschlichkeit, Charakter und Christentum.

Der große und zum Glück erfolglose Bittgottesdienst, den Wilhelm, kniend inmitten seiner Truppen, auf dem Schloßplatz zelebrierte, war für ihn durchaus keine Komödie. Er glaubte daran, wie er an die Pickelhaube und damit an sich selbst glaubte. Es gab eine Kommißfrömmigkeit, von der vor allem die Pfaffen befallen wurden, und obgleich nach unserem guten alten Dogma Religion Privatsache ist, muß doch gesagt werden, daß es kaum etwas Widerwärtigeres gab, als die maßlose Dummheit (zur Verlogenheit langte es kaum), mit der die Priester aller drei Konfessionen ihre Bibeln so lange drehten und wendeten, bis unten der Spruch herausfiel: »Du sollst töten.«

Man log sich gegenseitig einen Landsknechtkrieg vor, indes hinten die gerissenen Kapitalisten bei den schneidigen, aber dummen Militärs in Lederlieferungen und Pferden mogelten und gaunerten. Man tat so, als sei der ganze Krieg von Joseph von Lauff oder von Ganghofer: frumb und mit der Kartaun gerüstet zog ein Fähnlein Landsknecht' mutig und mit frischen deutschen Liedlein ins Feld, nicht wahr? Und die operettenhaften Arrangeure eines blutigen Karnevals wollten nicht sehen, daß geknechtete und ohnmächtige Proletarier und Kleinbürger zitternd, klagend oder stumpf in der Massensuggestion befangen vor die Maschinengewehre torkelten. Der Kaiser spielte: historisches Ausstattungsstück. Die Wirklichkeit spielte: Tobsuchtsanfall Europas bis zum Weißbluten.

Aber was wußte Berlin, was wußte Deutschland damals davon? Vorläufig zogen die Abonnenten des *Berliner Lokalanzeigers* (und leider auch andere) von Café zu Café, verlangten mit Stentorstimme mutig, tapfer und deutsch die Entfernung des welschen Akzents, der Feldwebel auf dem Bezirkskommando sagte nicht mehr Adieu, sondern auf Wiedersehen, und es zeigte sich nach kurzer Zeit, daß man alle Gemeinheiten auch ganz gut ohne Fremdworte in seiner Muttersprache ausüben konnte. Es war wirklich eine große Zeit.

Eine Pressemache bis zur Marneschlacht war gar nicht nötig. So tobsüchtig und militärfromm benahmen sich späterhin die reklamiertesten Redakteure nicht, wie das Schreibervolk zu Kriegsbeginn. Wenn ihr nur zurückblättern wolltet! Hat sich denn die Presse seitdem gewandelt? Wie könnt ihr einer Gilde Vertrauen schenken, die solch einen Bockmist prophezeit, zusammengestellt und aufgeschrieben hat? Kaum an irgend einer Stelle haben die Redakteure und Zeitungsleser gewechselt (gefallen sind von den Kriegsbegeisterten nur wenige; man war reklamiert), und heute noch prangen dieselben Namen an denselben Stellen, wo im Jahre 1914 unwiderleglich bewiesen wurde, daß es mit England nun aber endgültig zu Ende ginge. Es war wirklich eine Große Zeit!

Schämen sich die Deutschen der Erinnerung? Schämen nicht! Sie denken nur nicht daran, weil man ja unangenehme Lagen seines Lebens leichter zu vergessen geneigt ist, als die schönen Tage. Sie schämen sich nicht. Die braven Kriegervereinler denken nur nicht immer an die Zeit, wo sie – es war im September 1914 – Balkonplätze für den Einzug Kaiser Wilhelms des Zweiten Unter den Linden durch Zeitungsinserat suchten und ausboten ...

Lehre? – Nie wieder Krieg. Mittel? – Den Heeresdienst auch dann zu verweigern, wenn ihn ein Gesetz vorschreibt. Beginn des Kampfes gegen den Kampf? – Heute.

Der Mann mit den schwarz-weiß-roten Abzeichen, mit der schwarz-weiß-roten Binde um den Arm hatte unter heftigem Gejohle so viel Schnaps aus der schwarz-weiß-roten Flasche zu sich genommen, daß er endlich, leise glucksend, umsank. Da lag er im Rinnstein und schnarchte, beschmutzt, bespritzt – die Hunde schnupperten an ihm herum und hoben ein Bein – da lag er, der Preuße, in allen Gassen, da lag er. Und als er aufwachte und sich schwankend erhob, stieß er tief auf, zog die Luft ein, riß die verklebten Äuglein auf und murmelte: »Es war – hup – eine Große Zeit!«

Wir andern aber wollen uns ihrer erinnern, den Burschen nicht vergessen und sorgsam darauf achten, daß beide nicht wiederkommen.

1920

MIR IST HEUT SO NACH TAMERLAN!

Für Fritzi Massary

Tamerlan war Herzog der Kirgisen,
und jeder Mensch in Asien wußte wohl das.
Tamerlan ritt über grüne Wiesen
und wo der Junge einmal hintrat wuchs kein Gras.
Und alle Frauen lauschten angstvoll seinem Schritt
und fiel'n die Städte, fiel'n die Mädchen alle mit.
Er war auch stets zu einem wilden Kampf bereit,
das war in Asien eine schöne Zeit.
Mir ist heut so nach Tamerlan,
nach Tamerlan zu Mut!
Ein kleines bißchen Tamerlan,
ja Tamerlan wär gut.
Es wäre ja, geniert mich das,
geniert mich das, gelacht.
Ich glaube, es passiert noch was,
passiert noch was heut Nacht.
Mir ist heut so nach Tamerlan,
nach Tamerlan zu Mut,
ein kleines bißchen Tamerlan, ja Tamerlan wär gut.

Und sehe ich ins Publikum,
da liegt heut so ein Fludium.
Ach Mensch gehn Sie weg,
es hat ja nur Zweck
mit dem Tamerlan.
Tamerlan, mein liebes Kind, ja Kuchen!
so einen Tamerlan, den möcht' ich wohl auch.
Tamerlan, da kannst du lange suchen,
wer mit Devisen handelt, der hat einen Bauch.
Und wenn 'ne kleine Frau 'ne große Glatze küßt,
dann weiß sie, daß das alles für die Katze ist.
Du suchst dir hier vergeblich einen Tamerlan,
nu guck mal runter, sieh sie dir mal an.

Hier ist doch gar kein Tamerlan,
kein Tamerlan zu sehn,
ein kleines bißchen Tamerlan,
ja Tamerlan wär schön.
Seh ich mir hier die Männer an,
die Männer an, eih weih!
Da ist ja gar kein Tamerlan, kein Tamerlan dabei!
Mir ist heut so nach Tamerlan,
nach Tamerlan zu Mut,
ein kleines bißchen Tamerlan,
ja Tamerlan wär gut!
Die sind ja nichts für dich und mich,
die haben alle einen Stich!
Ach weine nicht sehr,
den gibts ja nicht mehr,
solchen Tamerlan.

WAS SOLL ER DENN EINMAL WERDEN?

Nämlich Ihr Sohn. Ja, wie ist er denn? Von leichter Trägheit? mehr schlau als klug? mehr Sitzfleisch als Charakter? etwas Intrigant?

Kaufmann ... nein, Sie haben recht: dazu gehört, trotz der Bürokratisierung der deutschen Industrie, Initiative, wenn er nicht ewig ein Pultknecht bleiben will, Entschlußkraft, Fixigkeit: sonst wird es nichts. Kaufmann – das ist wohl nichts für ihn.

Zum Ingenieurberuf hat er keine Neigung? Arzt? nein? Künstlerische Anlagen – nicht? Seien Sie froh. Aber was sagen Sie da? Es gibt nur eine Sache auf der Welt, die er scheut? Erzählen Sie bitte.

Ihr Junge ist der Mensch, der seit seiner frühesten Kindheit ›nichts dafür kann‹? Der ständig, immer und unter allen Umständen, ablehnt, die Folgerungen aus seinem Verhalten zu ziehen? der die Vase nicht zerbrochen hat, die ihm hingefallen ist? der die Tinte nicht umgegossen hat, die er umgegossen hat? der immer, immer Ausreden sucht, findet, erfindet ... kurz, der eine gewaltige Scheu vor der Verantwortung hat? Ja, dann gibt es nur eines.

Lassen Sie ihn Beamten werden. Da trägt er die Verantwortung, aber da hat er keine.

Nehmen wir einmal an, der Junge werde Lokomotivführer, und da geschieht es ihm, daß er aus Übermüdung nach zehn Stunden Dienst, aus Unachtsamkeit, aus einem jener unerklärlichen Zufälle heraus ein Signal überfährt und seinen Zug auf einen andern setzt. Achtundzwanzig Tote, neunundreißig Schwerverletzte. Wie meinen Sie? Er kann sich auf den Nebel berufen, sich auszureden versuchen ...? Ah, Sie kennen Ihr eigenes Land nicht! Es wird ihm alles nichts helfen. § 316 StGB – Gefängnis von einem Monat bis zu drei Jahren, und wenn er auf einen tüchtigen Staatsanwalt trifft, so wird der schon noch etwas andres für ihn herausfinden ... haben Sie keine Sorge. Ja, es ist eben ein verantwortungsvoller Posten, und den Letzten beißen die Hunde.

Als Arzt ist die Sache schon einfacher – eine Verurteilung bei Kunstfehlern ist nur auf Grund von Gutachten möglich, und ehe da einer den andern hineinreitet ... aber immerhin: möglich ists schon.

Als Kaufmann ... bedenken Sie bitte, was geschieht, wenn er in einem großen Betriebe ernsthaft patzt. Ist er ein kleiner Angestellter, fliegt er sofort hinaus – ist er ein großer, so kann er sich zwar drehen und wenden, aber die Börse hat ein wirklich Gutes: sie ist im besten Sinne wundervoll verklatscht, und wer dort einmal als unzuverlässig ausgeschrien wird, der hats sehr schwer. Das Gesetz? Ach, das interessiert die Börsianer nicht so sehr. Sie machen sich ihr Gesetz allein, und es ist besser als das geschriebene, das kann ich Ihnen versichern. Es gibt da so eine Art stillen Boykotts, ganz leise, fast unmerklich – auf einmal ist es mit dem Verfemten vorbei. Die Frage dieser Verantwortung regelt sich ganz von selbst.

Überall also, liebe Frau, wird Ihr Junge, wenns hart auf hart geht, für das einstehen müssen, was er angerichtet hat. Das ist schon so im Leben.

Nur an einer Stelle nicht. Nur in einer Klasse Menschen nicht. Nur in einer einzigen Position nicht. Als Beamter.

Wie das gemacht wird? Und obs auch keiner merkt? In welchem Erdteil leben Sie? Auf dem Mond?

Zunächst kommt es zur Erlangung einer Beamtenstellung in zweiter Linie auf die Kenntnisse an.

In erster darauf, daß jener dem Beamtenkörper, in den er eintritt, auch paßt, daß er sich mühelos in den Organismus einfügt, der nicht etwa, wie Sie, liebe Frau, zu glauben scheinen, der Zusammensetzung der Bevölkerung entspricht. Dieser Körper hat vielmehr seine eigenen Gesetze, seine von ihm und für ihn erfundenen Tugenden und Fehler, er nimmt nur an, was ihn lebenstüchtiger macht, und er stößt mit unfehlbarem Instinkt ab, was ihn schwächen könnte. Er führt ein Eigenleben. Er schwimmt oben wie Öl auf dem Wasser.

Ist es ihm nun gelungen, hier einzudringen, hat er die durchschnittlichen Kenntnisse, und ist er dem Organismus genehm, dann sitzt er so ziemlich wie in Abrahams Schoß. Verstößt er nur nicht gegen die ungeschriebenen Regeln eines stillen Codex, poltert er nur nicht gegen die ehernen Pfeiler dieses unsichtbaren Doms –: dann wird ihm nichts geschehen.

Erleben Sie es oft, daß dieser Beamtenorganismus seine Angehörigen an die Strafbehörden ausliefert? Das geschieht fast nie. Also, so denken Sie, liebe Frau, wird da wohl auch nichts vorkommen. Es kommt aber genau so viel vor wie in allen andern Berufen – nur kräht kein Richter danach, weil eine Krähe ... nehmen Sie nur einen Stuhl, liebe Frau, und hören Sie gut zu.

Wenn zum Beispiel jemand, sehend oder blind, die Valuta seines Landes zugrunde richten läßt, so daß Millionen von Menschen ihr sauer erspartes Vermögen bis auf den letzten Pfennig verlieren; wenn einer die Arbeiter niederschießen läßt, wo sie nur stehen, und wenn er sich brutaldumpf in der Sonne der Gunst uniformierter Verbrecher spiegelt; wenn einer ableugnet, daß es in seinem Bereich jemals Verstöße gegen das Gesetz gegeben hat, wenn seinetwegen die Leute in den Gefängnissen und Zuchthäusern zu Hunderten sitzen; wenn sich einer bei Vergebung von staatlichen Krediten von einem gerissenen litauischen Pferdejuden übers Ohr hauen läßt, weil seine in der Beamtenlaufbahn ersessenen Kenntnisse es ihm nicht gestatten, wie ein moderner Kaufmann zu disponieren; wenn einer aus Karrieresucht, aus falsch verstandener Schneidigkeit, aus Autoritätssadismus ein Todesurteil fahrlässig durchdrückt, dessen zugrunde liegende Indizien zusammengeschludert sind ... was meinen Sie, liebe Frau, geschieht mit solchen, wenn ihre Untaten bekannt und erkannt sind?

Dann machen sie Erholungsreisen, liebe Frau. Dann fahren sie um die Welt, liebe Frau. Von jenem Schreibersmann Michaelis an, der einer bereits geistesschwach gewordenen Umwelt als Reichskanzler präsentiert wurde, bis zum letzten Kriegsminister –: es ist immer dasselbe. Vorher, wenn sie am Werk sind, reißen sie das Maul auf und weisen auf die schwere Verantwortung hin, die sie tragen. Ja, worin besteht denn die –? Etwa, wie bei jedem Kaufmann und Chauffeur, in der Möglichkeit, bei fahrlässig herbeigeführtem Mißerfolg strafrechtlich zu büßen, was staatsrechtlich begangen wurde? Daran kann sich kein Deutscher gewöhnen. Das Äußerste, was sich diese verkorksten Revolutionäre abringen, sind, erschrecken Sie nicht, liebe Frau, ›Untersuchungskommissionen‹; die kommissionieren und untersuchen und fragen und lassen sich von den Zeugen anschnauzen und kuschen und lassen Protokolle drucken und sitzen dann wieder auf geduldigen Gesäßen ... Bestraft wird keiner. Mit seinem Vermögen zahlt keiner. Eingesperrt wird keiner. Ein Versuch, ein einziger, und der deutsche Beamte täte überhaupt nichts mehr. Was? Er soll wirklich und wahrhaftig die Verantwortung tragen, wenn er etwas falsch gemacht hat? Er soll büßen, wenn er etwas ausgefressen hat? Während er doch nur, liebe Frau, ausführte, was ihm seine vorgesetzte Behörde befahl, oder während der Fehler doch nur bei der untergeordneten Behörde lag, oder während es sich nur um einen Kompetenzkonflikt handelte? Liebe Frau –!

Wenn Ihr Junge in der Schule nicht versetzt wird, dann darf er mit Ihnen nicht ins Theater gehen. Wenn ein Minister seine Aufgabe bis zum blamablen Zusammenbruch verfehlt hat, Fehler auf Fehler gehäuft, gelogen, aber schlecht gelogen, so schlecht gelogen, daß nicht einmal das Gegenteil von dem wahr war, was er sagte, geschoben, aber dumm geschoben, getäuscht, aber unvollkommen getäuscht –: dann geschieht was? Dann fährt er, unwiderruflich, liebe Frau, ins Ausland. Zur Erholung, liebe Frau.

Und so sieht sein Tag aus –:

Er erwacht in einem schönen sprungfedrigen Bett, in einem weiten, gut gelüfteten Raum, im Hotel etwa ... Er dehnt und streckt sich noch einmal, denn ins Amt braucht er heute nicht zu gehen, sacht erhebt er sich, wäscht sich mit wollüstiger Langsamkeit, so gründlich, wie es in der jeweiligen Familie üblich ist; er bindet sich den Stehkragen um, merkwürdig, welche Vorliebe deutsche Minister für Stehkragen am falschen Ort haben! – und dann wandelt er hinaus ins Freie. Etwa in die südamerikanische Landschaft oder in die asiatische; dort wird er festlich empfangen und hofiert, und Diener machen Verbeugungen, und er besichtigt irgend etwas: ein Nationaldenkmal oder eine Kinderwagenfabrik oder eine Universität für taubstumme Opernsänger ... Seine Landsleute umstehen ihn. Und dann wird es plötzlich still um ihn, und er hält eine Rede, und während auf seinem Herzen der Brief der Deutschen Republik knistert, die ihm mitteilt, daß die fällige Quote seiner Pension, wie verabredet, an die Disconto-Gesellschaft überwiesen worden ist, hält er seine Rede und beschimpft sehr vorsichtig, sehr fein, mit jener verschlagenen Dummdreistigkeit, die das hervorragende Kennzeichen seines Standes ist, eben diese Republik. Er weiß: sie wehrt sich nicht. Er war ja die Republik; er kennt sie.

Und dann, liebe Frau, fährt er im Auto umher oder in einer Dampfbarkasse und sieht mit seinen runden Brillenaugen die schöne Welt an, die ihm eine Staffage ist, er sieht sie an wie ein besichtigender General, mit jenem Blick, der vorgibt, alles zu sehen, und der doch blind ist bis in den letzten Nerv hinein – und dann setzt er sich mit Muttern, denn Mutter hat er mitgenommen, aufs Schiff und fährt zurück in die liebe Heimat. Und da wird er dann Aufsichtsrat, wegen seiner guten Beziehungen zu den Behörden, und weil er beamtisch sprechen kann; und intrigiert ein bißchen in den politischen Parteien, und wenn er besonders wild ist, dann aspiriert er auf den Präsidentenposten ... liebe Frau, die Welt ist so reich.

Man nennt das: Studienfahrt.

Und währenddessen hocken seine Opfer in den Zellen; und währenddessen schuften die von ihm geschädigten alten Leute wieder in irgendeinem Papiergeschäft oder trappeln als Versicherungsagenten auf den Straßen; und währenddessen prozessieren Tausende seinetwegen, und laufen Zehntausende auf ein Amt, und klagen Hunderttausende, denen er durch seine Politik das Lebensglück abgeschnürt hat ... immer mit der Verantwortung. Die der Blitz aber verschont hat, stehen mit pfiffigen Mienen herum, nennen ihre charakterlose Schwäche Demokratie, und wenn jener Geschichten macht, so sagen sie: »Die Geschichte wird richten.« Das tut nicht weh.

Eher, liebe Frau, bricht sich einer, der auf einen Stuhl steigt, ein Bein, als daß einem deutschen Minister etwas passiert, und wenn er noch so viel Böses angerichtet hat. Es ist das gefahrloseste und das verantwortungsloseste Metier von der Welt.

Liebe Frau, lassen Sie Ihren Sohn Beamten werden.

DANACH

»Et après –?«
Courteline

Es wird nach einem Happy-end
im Film jewöhnlich abjeblendt.
  Man sieht bloß noch in ihre Lippen
  den Helden seinen Schnurrbart stippen –
  da hat sie nu den Schentelmen ...
    Na, un denn –?

Denn jehn die Beeden brav ins Bett.
Na ja ... diss is ja auch janz nett.
  A manchmal möcht man doch jern wissen:
  Wat tun se, wenn se sich nich kissen?
  Die könn ja doch nich imma penn ...!
    Na, un denn?

Denn säuselt im Kamin der Wind.
Denn kricht det junge Paar n Kind.
  Denn kocht sie Milch. Die Milch looft üba.
  Denn macht er Krach. Denn weent sie drüba.

Denn wolln sich Beede jänzlich trenn …
Na, un denn?

Denn is det Kind nich uffn Damm.
Denn bleihm die Beeden doch zesamm.
Denn quäln se sich noch manche Jahre.
Er will noch wat mit blonde Haare:
vorn dof und hinten minorenn …
Na, un denn?

Denn sind se alt. Der Sohn haut ab.
Der Olle macht nu ooch bald schlapp.
Vajessen Kuß und Schnurrbartzeit –
Ach, Menschenskind, wie liecht det weit!
Wie der noch scharf uff Muttern war,
det is schon beinah nich mehr wahr!
Der olle Mann denkt so zurück:
Wat hat er nu von seinen Jlück?
Die Ehe war zum jrößten Teile
vabrühte Milch un Langeweile.
Un darum wird beim Happy-end
im Film jewöhnlich abjeblendt.

DER MANN MIT DER MAPPE

Der Nationalökonom Alfons Goldschmidt hat mir neulich die Augen geöffnet. »Das Kennzeichen Berlins«, sagte er, »ist der Mann mit der Mappe.« Ich sah um mich, und dies war es, was ich sah:

Alle Männer auf der Straße tragen eine Mappe. Es ist nicht auszudenken, was in Berlin täglich für Papier herumgetragen wird: die ganze Stadt schleppt emsig Ballen Schreib- und Druckpapiers von einem Fleck zum anderen. Was mag in den Mappen sein –?

Das Frühstück natürlich, dann Bindfaden, ein zerbrochener Füllfederhalter und etwas zum Lesen. Diese Lektüre wird kaum angefaßt, wie ja überhaupt alle Leute von dem Aberglauben besessen sind, gewisse Sachen ›unterwegs erledigen zu können‹ – aber niemals wird etwas daraus. Abends zieht der Mappenmann seinen Kram genau so unberührt aus der Mappe, wie er ihn hineingelegt hat. Bei dem allgemein gültigen Bestreben, nicht unter acht Sachen zugleich zu tun,

belastet diese Vorratsarbeit die Mappenträger, aber sie lassen nicht davon ab. Was ist aber noch in der Mappe?

In der Mappe ist das, was der Besucher nach den einleitenden Sätzen mit den Worten herauszieht: »Ich habe hier eine Sache ...« und dann gehts los. Meist findet er sie nicht auf Anhieb, er sucht sie erst aus den Verträgen, Heiratspapieren, Korrespondenzen, Korrekturfahnen heraus, fischt im Papierteich, angelt – schwupp! Wenns gut geht, hat er sie zu Hause liegen lassen.

Mappe muß sein.

Die Mappe ziert den gemeinen Mann und deutet auf jeistige Arbeit – daher sie denn wohl auch der Schnorrer mit steifer Grandezza in der Hand baumeln läßt. Kümmerlich zusammengeschrumpft hängt die Verhungerte armselig neben seinem abgeschabten Überzieher ... Es gibt aber auch wohlhabende Mappen; bis zum Platzen gefüllt, leuchten sie herrlich gelackt oder gewachst im Sonnenschein, die Nickelbeschläge protzen: »P! Wir! Uns kann keiner, und uns können sie alle –!« So feine Mappen sind das.

Manche Menschen mit gestörtem Empfindungsleben tragen zwei Mappen mit sich herum, aber das ist selten: ein besserer Herr ist in dieser Sache monomapp.

Warum tragen aber alle diese die Mappe mit sich –?

Weil sie Dienst haben, den ganzen Tag. Weil die Arbeit sie auffrißt, täglich, stündlich, weil sie »ze tun« haben – etwa in dem Tempo, in dem der Komiker Otto Wallburg spricht. Ginge es logisch zu in der Welt, so müßte ja der Mann in der Mappe liegen und sich nur gelegentlich, zu dienstlichen Zwecken, ans Tageslicht ziehen. Ja, die berliner Mappe hats in sich.

Sie regiert den Kerl, der sie trägt, sie bestimmt dessen Dasein, nicht umgekehrt. Er durchraschelt alle Papiere, die er schleppen muß – er durchstöbert ihren Wust, er rummelt darin umher, und wenn es hochgekommen ist, dann ist es Mühe und Arbeit gewesen, und es muß ja wohl Leute geben, die glauben, zu diesem Behufe auf der Welt zu sein. Mappe, du traurige Mappe, wie beschwerst du das Leben! Nie läßt du die Leute schlendern, mit den Händen in den Taschen, ohne dich, frei! Was einer nicht im Kopf hat, das muß er in der Mappe haben.

Nikolassee trägt seine Weisheit in die innere Stadt, Moabit transportiert das Jus nach dem

Osten, der Alexanderplatz wedelt mit der Mappe nach dem Westen, kein Papier darf da bleiben, wo es geboren ist – trage, Liebchen, trage!

Dabei sind die meisten Mappen unvollständig: sie müßten eine kleine Karthotek eingebaut haben, etwas Wasserspülung und einen zusammenklappbaren Pokertisch ... Mappen sind lebensnotwendig: wie könnte die deutsche Wirtschaft funktionieren ohne die Mappe! In England sollen die Leute auch mit Mappen herumtraben, hat man mir erzählt; aber daß sie es in Paris nicht tun, das weiß ich ganz gewiß. Denn der Franzose ... also, was ist denn das überhaupt für ein Mensch! Der glaubt, daß man die Arbeit in seinem Geschäft tut, und wenn er über die Schwelle hinausgetreten ist, dann ist es aus damit, und selbst im Café de Commerce; wo die bessern Sachen abgeschlossen werden, geht das ohne Mappe zu. Aber er schreibt wohl nicht immer das Nötige ...

Wir schreiben. Denn sonst hätten wir nichts, was wir durch unsere Brillen ansehen können, und wohin kämen wir wohl ohne das –! Wenn einer geboren wird, und wenn einer stirbt, wenn ein Stück Drama von Unruh aus dem Fenster fällt, und wenn ein Filmband zerreißt, wenn Frau Helen uns mit den großen blauen Augen Ja zuwinkt und Nein meint, wenn einer einen Verkehrsturm umfährt, und wenn in einem nationalen Blatt eine Sicherung durchbrennt: wir schreiben. Und was wir geschrieben haben, das tun wir dann in die Mappe.

Und es ist nur schade, daß wir auf den Presseball ohne Mappe kommen – es würde das wesentlich zur Verschönerung des Bildes beitragen.

Schilt die Mappe nicht, Peter! Sie hat eine heilige Mission zu erfüllen hienieden – sie läßt ihren Träger an die Wichtigkeit seiner Arbeit glauben, und das ist mitunter gar nicht so einfach. Gott segne sie, die gute, treue, rindslederne; schier dreißig Jahre ist sie alt, hat manchen Sturm erlebt ... Sieh ihr gefältetes Gesicht! Die zerfurchten Züge, die morschen Nähte! Was barg sie nicht schon alles in ihrem Bauche ...?

Wenn aber einmal alles untergegangen ist von unserer Epoche, die Holzbarrieren auf den Straßen, die die Autos anlocken sollen, die Fußgänger zu hindern, den Fahrdamm zu passieren; wenn der Funkturm dahin ist und das letzte Sechs-Tage-Schieben und die Professorentitel unserer Theaterdirektoren: eines sollte übrigbleiben von dieser Zeit, als Denkmal aere perennius.

Ein Mann, aus Marmor, ordentlich in Stein ausgehauen, mit ernster Miene und sorgenvollen Naslöchern, eilig dahinschreitend, unter dem Arm sein geistiges Wickelkind, ganz der Papa aus Rindsleder.

Der Mann mit der Mappe.

MUTTERNS HÄNDE

Hast uns Stulln jeschnitten
un Kaffe jekocht
    un de Töppe rübajeschohm –
un jewischt und jenäht
un jemacht und jedreht ...
    alles mit deine Hände.

Hast de Milch zujedeckt,
uns Bobons zujesteckt
    un Zeitungen ausjetragen –
hast die Hemden jezählt
un Katoffeln jeschält ...
    alles mit deine Hände.

Hast uns manches Mal
bei jroßen Schkandal
    auch 'n Katzenkopp jejeben.
Hast uns hochjebracht.
Wir wahn Sticker acht,

sechse sind noch am Leben ...
alles mit deine Hände.

Heiß warn se un kalt.
Nu sind se alt.
    Nu bist du bald am Ende.
Da stehn wa nu hier,
    und denn komm wir bei dir
    und streicheln deine Hände.

DER KONTROLLIERTE

Da ist die berliner Straßenbahn ... Aber es wird ja auf den anderen Bahnen nicht viel anders sein ... Also da sitzen nun die Leute da und träumen und glotzen und unterhalten sich und manche lesen – –. Auf einmal betritt ein uniformierter Mann den Wagen und sagt: »Die Fahrscheine bitte!« – Das ist ein Beamter, der hauptsächlich zur Kontrolle der Schaffner angestellt ist.

Pflichtschuldig wühlt alles in den Taschen. Alle reichen das Stückchen Papier dem Beamten hin. Nur einer hat seinen Fahrschein verloren.

Es ist doch ein Bedientenvolk, das deutsche. Denn nun sehen alle den Mann an, als ob er ein Verbrechen begangen habe. Denn sie bilden sich ein, der Beamte kontrolliere sie. Dabei ist der Beamte höflich und tut eigentlich nichts, was diesen Aberglauben bestärken könnte. Aber sie denken sich das so und sind voller Ehrfurcht und verabscheuen alle den Mann, der seinen Fahrschein verloren hat. Einen Augenblick hat er den ganzen

Wagen gegen sich. Manche mögen ja ein bißchen teilnahmsvoll zusehen, wie er sich abmüht, und sie denken sich schaudernd in seine entsetzliche Lage …

Sie ducken sich. Sie bekommen einen roten Kopf. Der Verlierer einen dunkelroten. Er entschuldigt sich. Er sagt nicht: »Ich hab ihn verlegt, ich werde meinethalben nachbezahlen …« Er fühlt sich ertappt. Man sollte nicht denken, einen Erwachsenen vor sich zu haben, der vielleicht eine Frau hat, Kinder, die er erziehen soll, Angestellte, die er anschnauzt … Hier ist er ganz klein. Denn hier ist das Heiligste an einen Deutschen herangetreten: die Uniform. Und da hört der Spaß auf.

Eine Kleinigkeit, eine Belanglosigkeit, gewiß. Aber doch wieder eine einfache Beobachtung des täglichen Lebens, die zeigt, wie hier der einzelne gar nicht erst wagt, zu sagen: »Hallo! Hier bin ich!« – Sondern er bekommt einen roten Kopf, duckt sich und sucht den Fahrschein.

Und das ist eine Misere des deutschen Lebens.

1913

HEPP HEPP HURRA!

»Das deutsche Volk«, hat einmal einer gesagt, »besitzt zwei Leidenschaften: das Bier und den Antisemitismus.«

Wenn man die Vorbereitungen zu den preußischen Wahlen mitansieht, muß man sagen, daß das Bier zwar achtprozentig, der Antisemitismus aber hundertprozentig ist. Die blinde Wut, mit der in Wahlparolen und an Stammtischen auf die Juden geschimpft wird, schmeckt verdächtig fatal. Was wird hier gespielt?

Die Unzufriedenheit eines übervölkerten und geistig blockierten Landes ist allgemein. Die deutschnationale Wahlparole »Schlagt die Juden tot!« ist deshalb nicht ungeschickt, weil sie sich auf vorhandene Volksinstinkte verlassen kann, und weil sie gewandt von den wahren Urhebern des nationalen Elends ablenkt. Die Judenriecherei der nationalen Gesellschaft in Deutschland erinnert an die romantische Aufgeregtheit französischer Nationalisten, die hinter allem Unheil der

Welt den boche und seine Spione wittern. Hierzulande kann nichts schiefgehen, ohne daß Monokelgesichter, die man sich besser in der Hose denkt, den Juden die Schuld geben. Die Filme sind schlecht, weil sie von Juden hergestellt werden, die Lebensmittel sind teuer, weil die Juden wuchern, die Presse ist verjudet, die Regierung ist verjudet (vom lieben Gott verlautet noch nichts Näheres), und den Krieg haben wir verloren, weil Juden heimtückisch die Front unterhöhlten. Nun war der besiegte Militärbeamte Ludendorff kein Jude, und ich wüßte nicht, daß in der deutschen Diplomatie, die in den Krieg hineingeschlittert ist, sehr viel Juden tätig gewesen wären. Die ganz Strammen haben sich sogar ausgerechnet, daß Wilhelm II. in seiner Blutzusammensetzung verjudet sei, und so, in anmutiger Mischung von schnarrendem Offiziersgetön und Biergebrüll gegen die Juden, zieht ein Gesindel in den Wahlkampf, das eine Welt ins Unglück gestürzt hat. Hepp hepp Hurra!

Über den Antisemitismus ist, wie über jede Abneigung einer Rasse gegen die andre, wohl zu reden. Was aber hier getrieben wird, ist Volksverdummung schlimmster Art, und das alte Wort

Roda Rodas paßt wie gehauen hierher: »Der Antisemitismus ... eine ganz nette Sache. Aber er wird wohl erst etwas werden, wenn ihn die Juden in die Hand nehmen!« Das ist ganz richtig, denn jeder kluge Jude, der die Nachteile seiner Rasse durchschaut hat, könnte viel bessere und schlagendere Dinge gegen das Judentum anführen, als alle deutschnationalen Vollbärte zusammen.

Was diese Ritter von der traurigen Gestalt anfingen, wenn sie keine Juden hätten, ist nicht auszudenken. Sie leben geradezu von ihnen. Und kaum ein Argument stimmt.

Ein typisches Mischvolk wie die Deutschen, das besonders in seiner östlichen Zusammensetzung von Wenden, Kaschuben, Polen und einem Schuß Niedersachsen niemals eine einheitliche germanische Rasse bildete, hat keinen Grund, über Rassenvermischung zu schelten. Und das vor allem deshalb, weil die Deutschen weniger die Fehler der Juden, als die assimilierten Juden germanische Untugenden angenommen haben.

Nichts stimmt. Der Vorwurf, daß das öffentliche Leben verjudet sei, ist ein Eingeständnis germanischer Schwäche. Der französische Zeichner Caran d'Ache zeichnete einmal eine Landstraße, auf der ein Jude und ein Franzose sich begegnen. In der Mitte zwischen ihnen liegt ein Frankstück. Beide bücken sich gleichzeitig danach. »Mais c'est le juif que aura le franc!« (»Aber der Jude faßt das Geld!«) Der Vorwurf des Wuchers dem Juden gegenüber ist bei dem Verhalten der deutschen Landwirtschaft, die die Großstadt systematisch sabotiert, ein Unding. Auf einen Schmuhl kommen zehn Piesekes, und was die Grenadierstraße im Kleinen kann, das kann Herr Stinnes im Großen schon lange.

Politisch lenkt die Wahlparole gegen die Juden die Aufmerksamkeit eines schwer düpierten Volkes von seinen eigentlichen Verbrechern ab: von den Diplomaten, die zu dumm waren, bei einem fremden Volk mehr als den Smokingschnitt zu studieren, von einer preußischen Verwaltungskaste, die auf dem ›Untertan‹ herumregierte und sich für eine eingebildete Tätigkeit bezahlen ließ, von den Richtern, deren Fünfmännerskat der Justitia dem wahren Volksempfinden dauernd ins Gesicht schlug, von den Offizieren, die mit Christus auf einem schlechten Fuß standen, weil der nur g. v. Heimat war – kurz, von den Repräsentanten eines schlechten Deutschtums, das einen

zweifeln ließ, ob es ein besseres gab. Ohne Juden macht dem Deutschnationalen der Wahlkampf überhaupt keinen Spaß. Ohne Juden könnte er ihn nicht führen.

Er führt ihn aber, weil es leider eine große Menge Leute gibt, die sich vom Papagei nur dadurch unterscheiden, daß sie nicht so hübsch anzusehen sind. Die Hausfrau des kleinen Mittelstandes, viele mittlere Beamte, die Honoratioren der kleinen Stadt – all das hat eine dumpfe Wut gegen den geistig flinkeren Juden und benutzt mit Wonne die Gelegenheit, dem lästigen Konkurrenten eins auszuwischen. Keiner ahnt, wie er sein Vaterland blamiert, wenn er zugibt, daß ein verheerender Einfluß seiner Juden ein ganzes Land ruinieren könne. Die ärgsten Durchhalteschreier im Kriege waren nicht Juden, sondern interessierte Offiziere und Beamte, teutonische Professoren und evangelische Frauen, die durch ihre Maulfertigkeit das Land ins Unglück gehetzt haben. In ein Unglück, das man nun den Juden zuschreiben will.

Deren Haltung ist nicht einwandfrei. Unter den deutschen Juden gibt es bekanntlich (und ganz besonders in Berlin) eine große Anzahl von Leuten, die sich ihres Judentums wie einer Krankheit schämen, und die ihren Kindern bei Tisch in Gegenwart der Dienstboten mit einem ängstlichen »Stike!« das Wort ›Synagoge‹ verbieten. Diese guten Kaufleute und schlechten Musikanten waren gern bereit, dem Kaiser ihre Söhne hinzugeben – aber sie sind gar nicht bereit, der konkursverwaltenden Regierung, die das Abenteuer des schlechten kaiserlichen Deutschlands auszulöffeln hat, ihre Steuern hinzugeben. Und aus einer sinnlosen Angst vor einem Bolschewismus, den sie immer gefürchtet und niemals gefördert haben, sind sie bereit, mit jeder Ordnungsstütze Halbpart zu machen. Wäre die Deutschnationale Partei nicht so hirnlos dumm, antisemitisch zu sein, so würde sich ihr ein großer Teil der von Natur aus konservativen Judenschaft zuwenden; ja, ich kenne sogar Fälle von Juden, die so ehrvergessen sind, deutschnational zu wählen. Der größte Teil rettet sich in die zu nichts verpflichtende Demokratische Partei, weil die, wie alles, so auch die jüdische Frage hübsch vertuscht. (Gibt es doch sogar große demokratische Tageszeitungen, für die das zionistische Problem nicht existiert.)

Aber so tief dringen völkische Hochschüler, Oberförster und Turnlehrer nicht. Da wogt unentwegt die deutsche Mannesbrust, da weht der linsenbesetzte Vollbart im Winde, da schmettert deutscher Heldengesang Lieder in die Luft, die Welsche, Juden und Neger auf eine Stufe stellen, nur, weil sie nicht deutsch sind. Übermäßiges Betonen der nationalen Eigenart ist noch stets eine Schwäche gewesen.

»Kauft nicht bei Juden!« – Das ist nun eine Wahlparole für denkende Menschen, dadurch ist auf einmal eine trauliche Einheitsfront geschaffen, und der bayerische Bierphilister, der ostpreußische Schnapsbrenner, der rheinische Großindustrielle – hier kämpfen sie auf einmal getreulich Schulter an Schulter. Ich habe gar nichts gegen Kollektivurteile, die immer ungerecht und doch oft gerecht sind. ›Der Jude‹ ... Das ist richtig und falsch, weil man nicht den einzelnen meint, sondern den Typ. Es ist ein Urteil über eine Gesamtheit wie zum Beispiel diese: Der deutsche Offizier hat im Kriege nichts getaugt; der deutsche Richter genießt in politischen Strafprozessen nicht das Vertrauen des Volkes; der preußische Verwaltungsbeamte neigt dazu, auf Kosten der Allgemeinheit seinen Schreibapparat zu überschätzen.

»Kauft nicht bei Juden!« Sie kaufen doch. Der

ganze Antisemitismus ist wie zerblasen, wenn es ans Geschäftemachen geht, und kein deutschnationaler Schieber geniert sich, mit irgendeinem lodzer Juden in Ausfuhrbewilligungen ein Ding zu drehen. Genierte sich im Kriege der Offizier, seine dreihundert Eier als ›Funkergerät‹ mit Hilfe der Einwohnerschaft galizischer Städte so in die Heimat zu verschieben, daß die ehrfurchterschauernde Judenschaft noch etwas von ihm lernen konnte? Er genierte sich nicht.

Das hat einen Krieg verloren. Das weiß heute noch nicht, daß eine Welt über Eigenschaften, die man hierzulande den Kindern als Tugenden aufpfropft, einst mit Haß und nun mit achselzuckender Verachtung hinweggeschritten ist. Und weiß diese bittere Wahrheit nicht, die einmal Georg Metzler in der *Weltbühne* gesagt hat: »Was die Juden unter den Deutschen, das sind die Deutschen unter den Nationen!«

Und wenn Ludendorff einmal vor seinen himmlischen, nicht aus Preußen stammenden, also unbefangenen Richter tritt, dann wird der das Flammenschwert heben und wird sprechen: »Erich! Zwei Millionen Tote! Was hast du getan?«

Und der ergraute Kadett wird die Hornbrille

abnehmen, sich den Kragen zurechtrücken und in preußischer Tonart, stramm und doof, antworten: »Lieber Gott, es waren die Juden!«

1921

MUNDARTLICHES GEDICHT

Denn, so um'm September rum,
denn kriejn se wacklije Beene –
die Fliejen nämlich. Denn rummeln se so
un machen sich janz kleene.
    Nee –
        fliejn wolln se nich mehr.

Wenn se schon so ankomm, 'n bisken benaut …
denn krabbeln se so anne Scheihm,
oda se summ noch 'n bisken laut,
aber merschtens lassn ses bleihm …
    Nee –
        fliejn wolln se nich mehr.

Wenn se denn kriechen, falln se beinah um.
Un denn wern se nochmal heita,
denn rappeln se sich ooch nochmal hoch,
un denn jehts noch 'n Sticksken weita –
    Aba fliejn …
        fliejn wolln se nich mehr.

Die andan von Somma sind nu ooch nich mehr da.
Na, nu wissen se – nu is zu Ende.
Manche, mit so jelbe Eia an Bauch,
die brumm een so über de Hände ...
A richtich fliejn wolln se nich mehr.

Na, und denn finnste se morjens frieh,
da liejen se denn so hinta
de Fenstern rum. Denn sind se dot.
Und wir jehn denn ooch in'n Winta.
Wie alt bist du eijentlich?

– »Ick? Achtunnfürzich.«
– »Kommst heut ahmt mit, nach unsan
Lokal –?«

– »Allemal.«

DER BRÖTCHENTANZ

Ist der neue Chaplin-Film schon in Berlin? Ich glaube nicht. Vergessen Sie nicht, auf den Brötchentanz zu achten, und verlangen Sie ihn Dakapo. Warum gibt es keine Dakapos im Film?

Die Jagd nach dem Gold (The Gold rush, La Ruée vers l'Or) ist ein Goldgräberabenteuer aus Alaska; daß es eine Parodie sein soll, wüßte man nicht, wenn mans nicht wüßte. Es beginnt mit dem Zug der Zehntausende in die Schneeberge – und schließlich geht ein Rauschen durchs Parkett. Er. Er hat einen Sack auf dem Buckel und einen Schal, aber sonst ist er ganz so ausgestattet wie immer: Hütchen, Stöckchen, Schnurrbärtchen ... Er wandelt frohen Mutes auf dem schmalen Rand einer Felswand, wankt und klettert ... Plötzlich taucht aus einer Höhle hinter ihm ein riesiger Bär auf, das Publikum kreischt, was wird jetzt werden? Nichts – Charlie geht still seines Weges, die braune Gefahr immer hinter ihm her, schließlich verschwindet der Bär in der Felshöhle, und etwas später dreht sich der Goldgräber um und visiert die Gegend. Indianer? Raubtiere? Nein. Weiter. Dieser Ritt über dem Bodensee leitet das Fest ein.

In dem, was folgt, ragt an erster Stelle der Brötchentanz.

Chaplin hat in seiner Blockhütte schöne junge Mädchen zu Gast geladen – er wartet auf sie. Sie kommen nicht, er schläft ein und träumt, sie seien gekommen. Und das ganze kleine Fest zieht an seinen Augen vorüber, und zum Schluß, zum Nachtisch, muß er doch den Damen eine Unterhaltung servieren, und weil er nicht singen kann und auch kein Grammophon hat, tanzt er ihnen etwas vor. So:

Er pikt auf zwei Gabeln zwei lange Brötchen, stellt die Gabeln auf den Tisch und packt sie. Und nun sind es plötzlich zwei Beine, Tänzerinnenbeine, oder seine eigenen. Die Brötchen sind seine quer gestellten Schuhe, und das unsichtbare Gabelwesen fängt an, zu tanzen. Es ist eine der genialsten Erfindungen dieses genialen Komikers.

Zu den Klängen eines Foxtrotts wirft das Ding die Beine, rutscht und schleift, einmal macht es dieses Kunststück, ganz weit zu grätschen, daß man glauben muß, es werde gleich in der Mitte aufplatzen, es grüßt mit den Beinen und kokettiert mit den Beinen – und man vergißt völlig, daß es ja nur zwei Brötchen, auf Gabeln gespießt, sind, die uns da etwas vortanzen ... Diese schlumpige Grazie, dieser Spitzentanz in Lumpen, den wir so oft von ihm selbst gesehen haben: Chaplin wiederholt das mit einem Nichts, mit etwas, das gar nicht da ist, mit der kindlichen Andeutung von Beinen. Er muß das tagelang vorm Spiegel geübt haben. Wenn einem der Atem vor Lachen ausgegangen ist, verbeugt sich das Ding mit einem zierlichen Knicks. Husch, husch, die Waldfee ... mit zwei Sechserbrötchen.

Es geschieht vorher und nachher viel Komisches, aber dies ist doch die dickste Perle. Ich habe den Film in Narbonne gesehen, und wenn Sie mich nach den Sehenswürdigkeiten dieser Stadt fragen: ich weiß nur diese eine, den Brötchentanz.

1925

NEBENAN

Es raschelt so im Nebenzimmer
im zweiten Stock, 310 –
ich sehe einen gelben Schimmer,
ich höre, doch ich kann nichts sehn.
  Lacht eine Frau? spricht da ein Mann?
  ich halte meinen Atem an –
  Sind das da zwei? was die wohl sagen?
  ich spüre Uhrgetick und Pulse schlagen ...
    Ohr an die Wand. Was hör ich dann
      von nebenan –?

Knackt da ein Bett –? Rauscht da ein Kissen –?
Ist das mein Atem oder der
von jenen ... alles will ich wissen!
Gib, Gott, den Lautverstärker her –!
  Ein Stöhnen; hab ichs nicht gewußt ...
  Ich zecke an der fremden Lust;
  ich will sie voller Graun beneiden
  um jenes Dritte, über beiden,
    das weder sie noch er empfinden kann ...

»Marie –!«
  Zerplatzt.
Ein Stubenmädchen nur war nebenan.

War ich als Kind wo eingeladen –:
nur auswärts schmeckt das Essen schön.
Bei andern siehst du die Fassaden,
hörst nur Musik und Lustgestöhn.
  Ich auch! ich auch! es greift die Hand
  nach einem nicht vorhandenen Land:
  Ja, da –! strahlt warmer Lampenschimmer.
  Ja, da ist Heimat und das Glück.
  In jeder Straße läßt du immer
  ein kleines Stückchen Herz zurück.
Darfst nie der eigenen Schwäche fluchen;
mußt immer nach einem Dolchstoß suchen.
  Ja, da könnt ich in Ruhe schreiben!
  Ja, hier –! hier möcht ich immer bleiben,
  in dieser Landschaft, wo wir stehn,
  und ich möchte nie mehr nach Hause gehn.

Schön ist nur, was niemals dein.
Es ist heiter, zu reisen, und schrecklich, zu sein.
Ewiger, ewiger Wandersmann
um das kleine Zimmer nebenan.

SAISONBEGINN AN DER OSTSEE

232 km. Warnemünde. (Plan s. S. 114) Gasthöfe am Strande: Hübner mit Konditorei, 150 Zimmer zu 1.25 M–5 M, Frühstück 1.25 M, Pension 5–6 M.

Baedeker 1914

Es läuft der Vorfrühlingswind
durch kahle Alleen;
seltsame Dinge sind
in seinem Wehn.

Hugo von Hofmannsthal

Oben an der Nordostküste Deutschlands rollen die Wogen in langen Linien auf den Strand – es ist sehr kalt und frisch, und der Sand ist ganz naß. Horch! läutets da nicht silberhell durch die Lüfte? Du hast dich nicht verhört, herzliebster Leser: ist ers doch, der rosafüßige Frühling, der soeben – mit Genehmigung der zuständigen Wetterwarte – seinen Einzug gehalten hat. Frühling, ja, er ists! Marie, der Lenz ist da – und allenthalben hebt ein geschäftiges Leben und Treiben an und versetzt die biedere

Bevölkerung der Wasserkante in die höchste Aufregung.

Die Ostseewirte sind aus langem Winterschlaf erwacht und recken faul die gewaltigen Glieder. Langsam kriechen sie aus den wärmenden Speckhüllen, die sie in der rauhen Jahreszeit vor den Unbilden des unwirschen Klimas geschützt haben, die Fenster fliegen auf, und in riesigen Schwaden entweicht ein trüber Grogdunst in den hellblauen Frühlingshimmel. Kräftige Fäuste packen die Stoffüberzüge, mit denen winters die Wälder zugedeckt werden, zerren daran und reißen sie herunter; die jubelnde Jugend reinigt den Strand und schüttet frischen Sand als Streu für die zu erwartenden Kurgäste auf. Saisonbeginn!

Die fleißigen Gemeindeväter treten zu ernster Beratung zusammen: gilt es doch, die Kurtaxe mit Rücksicht auf den Ernst der Zeit um das Dreifache zu erhöhen und den lieben Gästen das Leben im Ort so angenehm wie möglich zu gestalten. Nachdem noch rasch der Mindestpreis für das Zimmer mit voller Pension (Mittagessen mit einbegriffen, Beleuchtung, Bewässerung, Bedienung und Beschlafung extra) auf 410 Mark festgesetzt worden ist, eilen die wetterfesten Männer an die Arbeit.

Da heißt es, angeschwemmte Strandgutplanken zum Familienbad zusammenzuzimmern, Strandkörbe werden ausgebessert, ja, ein luxuriöser Badeort, dessen Name hier nicht genannt sein soll, trägt sich bestem Vernehmen nach mit der Absicht, einen Rettungsring anzuschaffen. Er soll Ende August eintreffen. Der Strand wird rasch von Quallen und Tang befreit und beides vor die einzelnen Häuser ausgebreitet, zwecks Herstellung der ff. Seeluft. Viele große Badeorte schließen mit Berlin Lieferungsverträge für den kommenden Sommer ab, und große Kisten Flundern rollen aus der Residenz an, wohin sie das fleißige Fischervölkchen verschoben hat. Die Weinkarte (mit Gummizug) wird aktualisiert, auch werden große Sterilisationsapparate aufgestellt, mit denen man Seewasser trinkbar machen kann. Bei dieser Gelegenheit wird der alte Bestand in den Weinkellern aufgefrischt. Waisenkinder verteilen längs des Strandes Bernsteinstücke, die später bestimmungsgemäß von den aufjubelnden Kurgästen gefunden werden. Viele Muscheln erleiden einen qualvollen Tod: sie tragen als Aschbecher und Briefbeschwerer verkleidet, das Bild Hindenburgs und werden

mit Recht den daheimgebliebenen Verwandten zum Andenken mitgebracht.

Auf mancherlei Besuch gilts sich einzurichten. Tiere und Menschen suchen in heißer Sommerszeit das kühlende Naß der Ostsee auf – an manchen Orten verkehren auch Sachsen. Zinnowitz läßt auf dem Gemeindehaus ein großes blank poliertes Hakenkreuz anbringen; im dortigen Herrenbad werden Badehosen nur nach vorheriger Revision durch den Badearzt abgegeben. (Es sollen dabei böse Vertuschungsmanöver vorgekommen sein.) Ein herzerfrischender antisemitischer Wind pfeift brausend über den judenreinen Strand des anmutigen Badeörtchens; seine Toiletten sind sämtlich schwarz-weiß-rot angestrichen und mit frommen Wünschen für die Monarchie versehen. Horrido –! Die Stellung kann bezogen werden.

Ein sanfter Zephyr hingegen mauschelt um die geschwungene Bucht Heringsdorfs. »Freya«, der germanische Dampfer, das einzige arische Lebewesen weit und breit, ächzt durch die Fluten; pflichttreu, alt und gebrechlich, hat das wackre Boot, das kurz vor Erfindung der Dampfmaschine in Dienst getreten ist, schon manchen Kummer erlebt. Es ist auch heuer zur Stelle. In den Hotels wibbelt und kribbelt es: einem neu eingetretenen Angestellten, der ein Zimmer aufzuschrubben versucht, wird vom Direktor seine Ungehörigkeit ernst verwiesen, und der zweite Gemeindevorsteher geht mit seinem Söhnchen spazieren, um ihm eine Fensterscheibe zu zeigen, die er einmal als Knabe eingeschlagen hat. Nach gutem alten heringsdorfer Brauch ist sie bis heute nicht erneuert.

In Mecklenburg hängen sich die Schiffer die Umhängebärte um, die ihnen ein so biderbes Aussehen verleihen, und die übrige Landbevölkerung lernt noch einmal rasch aus dem Polyglott Kuntze das gute Platt, um bei den Preisangaben durch mangelhafte Verständigung mit dem hochdeutschen Kurgast gedeckt zu sein. Ostpreußens Steilküste strahlt in schönster Ausstattung und ist am besten dran: Mücken und Berliner sind daselbst unbekannt.

Auf den Dünen werden die Polizeiverordnungsschilder neu angepinselt: »Das Betreten der Dünen und das Ausreißen derselben ist streng untersagt. Königl. Preuß. Hafenamt. 14. Juli 1876.« (Wie habe ich immer die Leute beneidet, die am 13. Juli 1876 da gebadet haben! Die durften noch!) Rasch werden einige hundert Schilder mit der Aufschrift

›... ist verboten‹ ausgeteilt – die Lücke kann später beliebig ausgefüllt werden. Am Horizont dampft inzwischen das deutsche Kriegsschiff zu Reklamezwecken hin beziehungsweise her. Ganz Berlin kann mit Operngläsern feststellen, wofür es seine dicken Steuern bezahlt ...

Die frisch gesalzenen Wogen rollen an den Strand. In einer Reihe, die ganze Küste entlang, stehen die Wirte, großen Raubvögeln gleich, vor ihren Horsten und lauern auf Beute. Sie klappern mit den Schnäbeln, die leeren Kröpfe baumeln im Winde, ab und zu fällt einem von ihnen hinten ein kleiner Prospekt heraus. Sie scharren ungeduldig mit den riesenhaften Fängen im Sande. Und warten.

Sieh! Da naht ein langer Zug ernster Männer dem Strande. Es ist der Landrat von Swinemünde, gefolgt von einer unabsehbaren Reihe Badeort-Delegierter. Von Holstein bis Samland ist alles vertreten. Die Geistlichkeit beider Konfessionen sowie heringsdorfer Kultusbeamte eröffnen den Zug. Fahnen wehen ihnen voran. Die Emma-Möwen kreischen und klacksen kleine Glückwünsche. Der Wind weht. Schulkinder singen. Der Zug steht.

Und hervor tritt der Landrat und hält eine schöne Rede, in der er auf die gute alte Zeit hinweist und darauf, wie grade die Ostsee allezeit treu zum Deutschen Reiche gehalten habe, weil in ihr (früher: auf ihr) dessen Zukunft liege, und weil Neptun der Gott des Meeres sei. Biegen oder Brechen sei auf See stets die Losung gewesen. Von der Schmutzkonkurrenz der Nordsee wolle er schweigen – hie gut Ostsee allewege! Die Möwen schreien. Die Geistlichkeit spricht Gebete, Messen und Broochen und erfleht vom Himmel eine feiste Saison. Das Meer wird eingesegnet.

Und der Landrat hebt den Zylinder und spricht. Auftakt und Anfangssignal der Sommerzeit 1922: »Hiermit erkläre ich die Ostsee für eröffnet –!«

1922

WENN EENA DOT IS

Für Paul Graetz

Wenn eena dot is, kriste n Schreck.
Denn denkste: Ick bin da, un der is weg.
Un hastn jern jehabt, dein Freund, den Schmidt,
denn stirbste n kleenet Sticksken mit.

Der Rest is Quatsch.
Der Pfaffe, schwarz wien Rabe,
un det Jemache an den offnen Jrabe ...
Die Kränze ...! Schade um det Jeld.
Und denn die Reden – hach du liebe Welt –!

Da helfen keine hümmlische Jewalten:
die Rede muß der Dümmste halten.
Un der bepredicht sich die schwarze Weste
un hält sich an Zylinder feste.
Wat macht der kleene Mann, wenn eena sanft vablich?
Er is nich hülflos – er ist feialich.

Leer is de Wohnung. Trauer, die macht dumm.
Denn kram se so in seine Sachen rum.
Der Tod bestärkt die edelsten Jefühle,
un denn jibs Krach, von wejn die Lederstühle.

Der Zeitvesuv speit seine Lava.
Denn sacht mal eena: »Ja, wie der noch da wah –!«
Denn ween se noch n bisken hinterher,
und denn, denn wissen se jahnischt mehr.

Wenn eena dot is, brummts in dir:
Nu is a wech. Wat soll ickn denn noch hier?
Man keene Bange,
det denkste nämlich jahnich lange,
ne kleine Sseit,
denn is soweit:
Denn lebst du wieda wie nach Noten!

Keener wandert schneller wie die Toten.

MAN SOLLTE MAL ...

Man sollte mal heimlich mitstenographieren, was die Leute so reden. Kein Naturalismus reicht da heran. Gewiß: in manchen Theaterstücken bemühen sich die Herren Dichter, dem richtigen Leben nachzuahmen – doch immer mit der nötigen epischen Verkürzung, wie das Fontane genannt hat, der sie bei Raabe vermißte, immer leicht stilisiert, für die Zwecke des Stücks oder des Buchs zurechtgemacht. Das ist nichts.

Nein, man sollte wortwörtlich mitstenographieren – einhundertundachtzig Silben in der Minute – was Menschen so schwabbeln. Ich denke, daß sich dabei folgendes ergäbe:

Die Alltagssprache ist ein Urwald – überwuchert vom Schlinggewächs der Füllsel und Füllwörter. Von dem ausklingenden »nicht wahr?« (sprich: »nicha?«) wollen wir gar nicht reden. Auch nicht davon, daß: »Bitte die Streichhölzer!« eine bare Unmöglichkeit ist, ein Chimborasso an Unhöflichkeit. Es heißt natürlich: »Ach bitte, sein Sie doch mal so gut, mir eben mal die Streichhölzer, wenn Sie so freundlich sein wollen? Danke sehr. Bitte sehr. Danke sehr!« – so heißt das.

Aber auch, wenn die Leute sich was erzählen – da gehts munter zu. Über Stock und Steine stolpert die Sprache, stößt sich die grammatikalischen Bindeglieder wund, o tempora! o modi!

Das oberste Gesetz ist: Der Gesprächspartner ist schwerhörig und etwas schwachsinnig – daher ist es gut, alles sechsmal zu sagen. »Darauf sagt er, er kann mir die Rechnung nicht geben! Er kann mir die Rechnung nicht geben! Sagt er ganz einfach. Na höre mal – wenn ich ihm sage, wenn ich ganz ruhig sage, Herr Wittkopp, gehm Sie mir mal bitte die Rechnung, dann kann er doch nicht einfach sagen, ich kann Ihnen die Rechnung nicht geben! Das hat er aber gesagt. Finnste das? Sagt ganz einfach ...« in infinitum.

Dahin gehört auch das zärtliche Nachstreicheln, das manche Leute Pointen angedeihen lassen. »Und da sieht er sie ganz traurig an und sagt: Wissen Sie was – ich bin ein alter Mann: geben Sie mir lieber ein Glas Bier und eine gute Zigarre!« Pause. »Geben Sie mir lieber ein Glas Bier und eine gute

Zigarre. Hähä.« Das ist wie Selterwasser, wenn es durch die Nase wiederkommt …

Zweites Gesetz: Die Alltagssprache hat ihre eigene Grammatik. Der Berliner zum Beispiel kennt ein erzählendes Futurum. »Ick komm die Straße langjejangn – da wird mir doch der Kuhkopp nachbrilln: Un vajiß nich, det Meechen den Ring zu jehm! Na, da wer ick natierlich meinen linken Jummischuh ausziehen un ihn an Kopp schmeißn …«

Drittes Gesetz: Ein guter Alltagsdialog wickelt sich nie, niemals so ab wie auf dem Theater: mit Rede und Gegenrede. Das ist eine Erfindung der Literatur. Ein Dialog des Alltags kennt nur Sprechende – keinen Zuhörenden. Die beiden Reden laufen also aneinander vorbei, berühren sich manchmal mit den Ellenbogen, das ist wahr – aber im großen ganzen redet doch jeder seins. Dahin gehört der herrliche Übergang: »Nein.« Zum Beispiel:

»Ich weiß nicht (sehr wichtige Einleitungsredensart) – ich weiß nicht: wenn ich nicht nach Tisch meine Zigarre rauche, dann kann ich den ganzen Tag nicht arbeiten.« (Logische Lässigkeit: es handelt sich um den Nachmittag.) Darauf der andere: »Nein.« (Völlig idiotisch. Er meint auch gar nicht: Nein. Er meint: mit mir ist das anders. Und überhaupt ...) »Nein. Also wenn ich nach Tische rauche, dann ...« folgt eine genaue Lebensbeschreibung, die keinen Menschen interessiert.

Viertes Gesetz: Was gesagt werden muß, muß gesagt werden, auch wenn keiner zuhört, auch, wenn es um die entscheidende Sekunde zu spät kommt, auch wenns gar nicht mehr paßt. Was so in einer ›angeregt plaudernden Gruppe‹ alles durcheinandergeschrien wird – das hat noch keiner mitstenographiert. Sollte aber mal einer. Wie da in der Luft nur für die lieben Engelein faule Pointen zerknallen und gute auch, wie kein Kettenglied des allgemeinen Unterhaltungsgeschreis in das andere einhakt, sondern alle mit weitgeöffneten Zangen etwas suchen, was gar nicht da ist: lauter Hüte ohne Kopf, Schnürsenkel ohne Stiefel, Solo-Zwillinge ... das ist recht merkwürdig.

Ungeschriebne Sprache des Alltags! Schriebe sie doch einmal einer! Genau so, wie sie gesprochen wird: ohne Verkürzung, ohne Beschönigung, ohne Schminke und Puder, nicht zurechtgemacht! Man sollte mitstenographieren.

Und das so Erraffte dann am besten in ein Grammophon sprechen, es aufziehen und denen, die gesprochen haben, vorlaufen lassen. Sie wendeten sich mit Grausen und entliefen zu einem schönen Theaterstück, wissen Sie, so eines, Fritz, nimm die Beine da runter, wo man so schön natürlich spricht, reine wie im Leben, haben Sie eigentlich die Bergner, find ich gar nicht, na also, mir ist sie zu …

Man sollte mitstenographieren.

GUTE NACHT, PRINZESSIN

Der Uhr nach wurde es nun langsam Abend; hier aber war noch alles hell, es waren die hellen Nächte, und wenn Gripsholm auch nicht gar so nördlich lag, so wurde es dort nur für einige Stunden dunkel, und ganz dunkel wurde es nie. Wir gingen über die Wiesen und blickten auf das Gras.

»Wir wollen zu Abend essas!« sagte die Prinzessin auf schwedisch.

Wir aßen, und ich trank sehr andächtig Wasser dazu. Wenn man in ein fremdes Land kommt, dann muß man erst einmal das fremde Wasser in sich hineingluckern lassen, das gibt einem den wahren Geschmack der Fremde. Da saßen wir und rauchten. So – und jetzt begannen die Ferien, die richtigen Ferien.

Die Vorhänge des Schlafzimmers waren dicht zugezogen und mit Nadeln zugesteckt. Männer können nur im tiefen Dunkel schlafen; die Prinzessin hielt das gradezu für ein männliches Geschlechtsmerkmal. Ich las. »Raschle nicht so bösartig mit der Zeitung!« sagte sie.

In dieser Nacht drehte sich die Prinzessin um und schlief wie ein Stein. Sie atmete kaum; ich hörte sie nicht. Ich las. Es ist vorgekommen, daß ich nachts, in wilder Traumfurcht, aufgefahren bin und mich an die Prinzessin angeklammert habe ... wie lächerlich! »Willst du mich retten?« fragte sie dann lachend. Das ist zwei-, dreimal geschehen – oft wußte ich es gar nicht. »Heute nacht hast du mich wieder gerettet ...«, sagte sie dann am nächsten Morgen. Aber nun waren Ferien; heute nacht würde ich sie bestimmt nicht retten. Ich legte meine Hand hinüber, auf die Schlafende. Sie seufzte leise und veränderte ihre Lage. Schön ist Beisammensein. Die Haut friert nicht. Alles ist leise und gut. Das Herz schlägt ruhig. Gute Nacht, Prinzessin.

INHALT

*Die Überschrift stammt vom Herausgeber, der Text ist *Schloß Gripsholm* entnommen.

Die Texte dieser Auswahl folgen der von Mary Gerold-Tucholsky und Fritz J. Raddatz herausgegebenen Ausgabe von Kurt Tucholskys Gesammelten Werken in zehn Bänden, Reinbek 1960, bzw. den Gedichten in einem Band, herausgegeben von Ute Maack und Andrea Spingler, Insel Verlag Frankfurt am Main und Leipzig 2006.

 Bezugspapier: Katrin Stangl, Köln. Gedruckt auf holzfreies, alterungsbeständiges Werkdruckpapier der Firma LENK Paper Schleipen GmbH, Bad Dürkheim, von der Memminger MedienCentrum AG, Memmingen. Gebunden in Fadenheftung von der Josef Spinner Großbuchbinderei GmbH, Ottersweier. Printed in Germany. Erste Auflage 2019.
ISBN 978-3-458-20521-0